Arlette Durracq

Et si vous vous serviez de vos talents ?

Arlette Durracq

Et si vous vous serviez de vos talents ?

pour Dieu et pour les hommes

Éditions Croix du Salut

Impressum / Mentions légales
Bibliografische Information der Deutschen Nationalbibliothek: Die Deutsche Nationalbibliothek verzeichnet diese Publikation in der Deutschen Nationalbibliografie; detaillierte bibliografische Daten sind im Internet über http://dnb.d-nb.de abrufbar.
Alle in diesem Buch genannten Marken und Produktnamen unterliegen warenzeichen-, marken- oder patentrechtlichem Schutz bzw. sind Warenzeichen oder eingetragene Warenzeichen der jeweiligen Inhaber. Die Wiedergabe von Marken, Produktnamen, Gebrauchsnamen, Handelsnamen, Warenbezeichnungen u.s.w. in diesem Werk berechtigt auch ohne besondere Kennzeichnung nicht zu der Annahme, dass solche Namen im Sinne der Warenzeichen- und Markenschutzgesetzgebung als frei zu betrachten wären und daher von jedermann benutzt werden dürften.

Information bibliographique publiée par la Deutsche Nationalbibliothek: La Deutsche Nationalbibliothek inscrit cette publication à la Deutsche Nationalbibliografie; des données bibliographiques détaillées sont disponibles sur internet à l'adresse http://dnb.d-nb.de.
Toutes marques et noms de produits mentionnés dans ce livre demeurent sous la protection des marques, des marques déposées et des brevets, et sont des marques ou des marques déposées de leurs détenteurs respectifs. L'utilisation des marques, noms de produits, noms communs, noms commerciaux, descriptions de produits, etc, même sans qu'ils soient mentionnés de façon particulière dans ce livre ne signifie en aucune façon que ces noms peuvent être utilisés sans restriction à l'égard de la législation pour la protection des marques et des marques déposées et pourraient donc être utilisés par quiconque.

Coverbild / Photo de couverture: www.ingimage.com

Verlag / Editeur:
Éditions Croix du Salut
ist ein Imprint der / est une marque déposée de
OmniScriptum GmbH & Co. KG
Heinrich-Böcking-Str. 6-8, 66121 Saarbrücken, Deutschland / Allemagne
Email: info@editions-croix.com

Herstellung: siehe letzte Seite /
Impression: voir la dernière page
ISBN: 978-3-8416-9907-7

Copyright / Droit d'auteur © 2014 OmniScriptum GmbH & Co. KG
Alle Rechte vorbehalten. / Tous droits réservés. Saarbrücken 2014

Et si vous vous serviez de vos talents?

Arlette Durracq

Remerciements

Je remercie :

- Toutes celles et ceux qui ont cru en moi et qui m'ont soutenue pour ce livre :

- en particulier mon ami André Girod (Ghana)

- Olivier, mon ami et mari qui est toujours mon plus grand conseiller.

- Mes filles, Sara, Camille et Zoé qui m'ont toujours encouragée à ne pas baisser les bras.

- Mon oncle Claude Durracq qui soutient tous mes combats dans la prière.

Et surtout mon Seigneur Jésus-Christ qui m'a inspirée et aidée à écrire ce livre. Sans toi, je ne peux rien faire.

Dédicace

Je dédie ce livre à celles et ceux qui désirent se lever et servir Dieu pour sa seule gloire.

Table of Contents

Remerciements et Dédicace..2

1. AIDE..11

2. CUISINE..12

3. CHANT...13

4. PHOTO...14

5. DANSE...15

6. HOSPITALITE..16

7. PRIERE ET INTERCESSION..17

8. VIDEO..18

9. EVANGELISATION...19

10. ENFANTS...20

12. MUSIQUE...22

13. ADMINISTRATIF...23

14. ARTS PLASTIQUES...24

15. LECTURE...25

16. BEBES..26

17. THEÂTRE...27

18. ENSEIGNEMENT...28

19. TRAVAUX ET ENTRETIEN..29

20. PREDICATION...30

21. ADOLESCENTS..31

22. JARDINAGE..32

23. PERSONNES ÂGEES..33

24. ECRITURE...34

25. COMMUNICATION..35

26. TECHNIQUE ET SONO..36

27. RELATION D'AIDE..37

28. SPORT...38

29. INFORMATIQUE...39

30. GENEROSITE...40

31. COUTURE...41

32. LANGUES ETRANGERES..42

33. DECORATION...43

34. ENCOURAGEMENT...44

35. ORGANISATION...45

36. COMPASSION...46

37. MISSION ET HUMANITAIRE..47

«C'est par la grâce que vous êtes sauvés,
par le moyen de la foi, et cela ne vient pas de vous, c'est le don de Dieu : non pas
sur la base des œuvres, afin que personne ne se glorifie.»
Ephésiens 2 : 8-9

*Il est bon de se rappeler
que Dieu nous aime et nous accepte
avant même que nous levions le petit doigt.
Tout ce que nous ferons n'achètera ni le salut,
ni sa bénédiction.*

**«Ayez du zèle, et non de la paresse.
Soyez fervents d'esprit. Servez le Seigneur.»
Romains 12:11**

*Il est bon de se lever, de se mettre en action
et de commencer à le servir avec zèle.
Il est plus que juste de «réinvestir»
dans son Royaume tout ce dont Il nous a pourvu
afin que la Gloire lui revienne
et que l'Evangile progresse sur la terre.*

Pourquoi ce livre ?

Il est impressionnant de constater les richesses et les merveilles que Dieu a placé en chacun d'entre nous. Il y a foule de dons et de talents dans les églises, malheureusement trop peu de personnes les découvrent et/ou les utilisent à bon escient. Quel gâchis ! Mais tout peut changer grâce à vous !
Dieu veut vous utiliser, soyez en convaincus !

A l'heure où le monde a tellement besoin de Dieu, il est temps pour vous, qui tenez ce livre entre les mains de vous lever et de commencer à servir le Roi des rois afin que le monde voie sa bonté et sa splendeur.
Ce livre très simple a pour but d'<u>élargir la vision que vous avez de VOS propres capacités,</u> de vous aider à découvrir vos dons et comment les mettre en action pour servir Dieu dans votre église.

Il propose de nombreuses idées pour l'utilisation de ce que vous savez faire ou aimeriez apprendre.

De quels dons s'agit-il ?

Il sera essentiellement question des talents (à quelques exceptions) que j'appellerai «naturels» (ex : une belle voix, un habileté particulière. que Dieu vous a donné...) Néanmoins, tout don devrait être exercé de manière spirituelle : par exemple : installer les chaises en bénissant la personne qui va s'y asseoir… en tout cas, faire les choses pour le Seigneur en premier.
Tous ces talents étant très utiles et indispensables pour que l'église rayonne , c'est pourquoi ils ne sont pas classés, vous les trouverez en vrac.
Les dons spirituels évoqués dans 1 corinthiens 12 ne sont pas abordés mais il est bien évident qu'ils sont indispensables pour que le Royaume de Dieu soit manifesté, et je vous invite aussi à les rechercher, mais ce n'est pas le sujet de ce livre.

Comment se servir de ce livre ?

Vous trouverez un talent par page.
En page 9 **et 10**, il vous est proposé un tableau avec la liste de tous les talents cités dans cet ouvrage, remplissez ce tableau avec soin au fil de votre lecture.
A noter ce livre est aussi utilisable par les enfants qui désirent servir Dieu,

Comment découvrir et exercer vos talents ?
Je veux souligner 3 principes indispensables :

1. Tout ce que ta main trouve à faire, fais-le ! (Ecclésiaste 9.10)
    En aidant là où il y a besoin, vous pourrez petit à petit essayer des choses et voir ce qui vous plaît, vous attire, et vous convient.

2. Un autre principe, est d'être fidèle dans des petites choses ! Ensuite Dieu nous en confiera de plus grandes. Comment nous confierait-il certaines choses s'il ne peut pas compter sur nous ? Soyez là et fidèle ! (Luc 6.10)

3. Faites confiance au ministère mis en place dans l'église, qui a aussi pour mission de la part de Dieu d'aider chacun à grandir, à progresser et à prendre sa place dans le corps de Christ.
(Romains 13.1)

<u>A noter :</u>

Vos dons, votre service ou votre appel seront
<u>toujours soumis à quelqu'un</u>
(au responsable de votre service ou au pasteur ou à un autre ministère),
c'est comme cela que Dieu nous établit dans ce qu'il a prévu pour chacun d'entre nous. Il utilise des hommes et des femmes pour nous établir.

IMPORTANT

<u>Avoir la volonté d'être utile et de servir Dieu</u> est la première étape.

La 2ème étape est de <u>le faire,</u> pendant celle-ci vous commencerez à découvrir vos dons .

La 3ème étape sera <u>d'apprendre à les exercer</u> avec sagesse, discernement, soumission et ordre, c'est pourquoi <u>ne mettez rien en œuvre sans l'accord préalable de votre pasteur,</u> mais parlez- lui en, priez pour cela et peut-être même qu'un nouveau domaine de service germera dans votre église… mais de grâce, soyez au diapason de votre pasteur !

<u>Je désire prier avec vous</u>

Seigneur, je prie que tu montres clairement à cette personne ce que tu attends d'elle.
Utilise ce livre pour lui ouvrir de nouveaux horizons dans ces talents naturels.
Conduis- la dans toutes les merveilleuses œuvres que tu lui a préparées d'avance,
pour ta gloire. Amen.

Bonne lecture !

Cochez et remplissez ce tableau le plus précisément possible au fil de votre lecture

	Dons	J'aime ce domaine	Je pense avoir ce don	J'aimerais essayer (Noter ici précisément ce que vous pourriez commencer à faire parmi les idées proposées)
1	Aide			
2	Cuisine			
3	Chant			
4	Photo			
5	Danse			
6	Hospitalité			
7	Prière et Intercession			
8	Vidéo			
9	Évangélisation			
10	Enfants			
11	Bois			
12	Musique			
13	Administratifs			
14	Arts plastiques			
15	Lecture			
16	Bébés			
17	Théâtre			
18	Enseignement			
19	Travaux et Entretien			

	Dons	J'aime ce domaine	Je pense avoir ce don	J'aimerais essayer (Noter ici précisément ce que vous pourriez commencer à faire parmi les idées proposées)
20	Prédication			
21	Adolescents			
22	Jardinage			
23	Personnes âgées			
24	Ecriture			
25	Communication			
26	Technique et sono			
27	Relation d'aide			
28	Sport			
29	Informatique			
30	Générosité			
31	Couture			
32	Langue étrangère			
33	Décoration			
34	Encouragement			
35	Organisation			
36	Compassion			
37	Mission et Humanitaire			
				Alors qu'en pensez-vous ?

SOYEZ VOLONTAIRE pour ce qu'il y a à faire !

Cela vous aidera grandement
à trouver votre place dans l'église et dans le royaume de Dieu.

1. AIDE

Ils avaient Jean pour aide. Actes 13:5

Diverses Caractéristiques...

- Je veux servir Dieu
- J'aime aider
- J'aime rendre service
- Je veux être utile

Avec ce don, plusieurs services et niveaux d engagements possible

- Mettre les chaises avant les réunions
- Tamponner des traités
- Si on demande des témoignages : témoigner
- Gérer les places de parking le dimanche
- Arroser les plantations pendant la semaine
- Tailler des crayons pour le service des enfants
- Tondre la pelouse
- Véhiculer des personnes
- Faire un gâteau
- S'il y a besoin particulier dans la prière : soyez celui ou celle qui va s'engager à prier pour cela.
- Faire le ménage... etc

Conseils

100 000 choses sont possibles !
Je suis sûre que vous allez trouver quelque chose à faire pour aider , parlez-en à votre pasteur !

2. CUISINE

Aser produit une nourriture excellente;
Il fournira les mets délicats des rois. Genèse 49:20

Diverses Caractéristiques...

- Je me débrouille en cuisine et/ ou pâtisserie
- J'aime cuisiner
- J'aime partager un repas ou un goûter
- J'aime faire plaisir au travers du palais.

Avec ce don, plusieurs services et niveaux d engagements possible

-
- Inviter chez moi : pour un repas, un goûter, un apéritif..
- Préparer un gâteau pour un anniversaire, un clubs d enfants...
- Inviter le groupe jeunes pour un repas
- Préparer un goûter pour des enfants
- M investir dans un repas spécial : soirée alpha, repas antillais...
- Organiser un repas en commun
- Préparer des biscuits entre femmes pour une occasion spéciale
- Me réunir avec d'autres qui aiment la cuisine et la pâtisserie et proposer à l'église une soirée spéciale (communion fraternelle ou évangélisation) un repas italien ou international (spécialités des pays), sucré salé, tropical, marin….etc.

Conseils

Ce don est très important dans notre société pour les relations
avec les gens (communion fraternelle ou évangélisation)
Ne le négligez pas !

3. CHANT

Chantez à l'Eternel un cantique nouveau!
Chantez ses louanges dans l'assemblée des fidèles!
Psaumes 149:1

Diverses Caractéristiques...

- J'aime chanter pour Dieu
- Je chante juste
- J'aime entrer dans la louange et adorer le Seigneur
- J'aime chanter en groupe.

Avec ce don, plusieurs services et niveaux d'engagements possible

- Préparer un chant occasionnellement pour un culte spécial (Noël, Pâques, mariages, présentations d'enfants……..)
- Chanter de temps en temps avec les enfants pendant leur culte
- Faire partie d'une chorale
- S'investir et s'engager dans la louange parmi les enfants
- Faire partie d'un Groupe de louange, enfant ou jeunes
- Monter un projet : concert, la fête de la musique
- Chanter en langues
- Inventer un chant

Conseils

Il est important de chanter juste !

4. PHOTO

Vous conserverez le souvenir de ce jour... Exode 12:14

Diverses Caractéristiques...

- J'ai un appareil numérique
- J'aime faire des photos
- J'aime faire des albums photos et / ou du scarpbooking
- Les montages photos m'intéressent

Avec ce don, plusieurs services et niveaux d'engagements possible

- Faire régulièrement des photos des activités de l'église
- Participer au bulletin d'information de l'église en faisant des photos
- Concevoir un album souvenirs de l'église
- Monter des projets autour de la photo :

Par exemple : fabriquer une exposition de photo sur des lieux bibliques, préparer un calendrier avec des photos de l'église, fabriquer un livret de prière ...

Conseils

Avoir un appareil est indispensable.
Et attention ! Les photos ne peuvent pas se diffuser n'importe comment.

5. DANSE

David dansait de toute sa force devant l'Eternel...
2 Samuel 6:14

Diverses Caractéristiques...

- J'aime danser
- J'aimerais louer Dieu avec la danse
- J'aime danser seul(e)
- J'aime danser en groupe

Avec ce don, plusieurs services et niveaux d'engagements possible

- Créer une danse ou une chorégraphie pour une occasion spéciale (culte divers, évangélisation, fête de la musique...
- Organiser un atelier danse
- Danser lors du culte (en équipe avec le groupe de louange)
- Danser avec et parmi les enfants
- Créer un groupe de chorégraphie ponctuel ou régulier
- Pourquoi ne pas évangéliser par la danse ?

Conseils

Louez Dieu par la danse chez vous
et commencer en public par des occasions de temps en temps.
(Des DVD chrétiens existent à ce sujet)

6. HOSPITALITE

Exercez l'hospitalité les uns envers les autres ...
1 Pierre 4:9

Diverses Caractéristiques...

- Vous aimez accueillir, recevoir
- Vous aimez prendre soin et faire plaisir aux autres
- Vous aimez rendre service
- Vous aimez partager
- Vous aimez le contact avec les gens
- Vous aimez la propreté, le rangement….

Avec ce don, plusieurs services et niveaux d'engagements possible

- Accueillir des personnes chez vous pour un repas, un couchage…
- S'investir à l'accueil dans vos locaux (culte, réunion, école du dimanche, badges…)
- Accueillir les enfants, les jeunes ou les adultes (sourire, petit mot gentil…tu nous as manqué !....)
- Préparer et apporter une collation
- Offrir une bible à ceux qui viennent pour la première fois.
- Rendre les locaux agréables (bouquet de fleurs, laver les nappes, les rideaux...)
- Nettoyer l'église, veiller à l'hygiène des salles

Conseils

L'hospitalité doit rechercher l'excellence :
ce qui beau, bien fait, propre, agréable et chaleureux !

7. PRIERE ET INTERCESSION

Je cherche parmi eux un homme qui élève un mur, qui se tienne sur la brèche devant moi en faveur du pays, ...
Ezéchiel 22.30

Diverses Caractéristiques...

- J'aime prier
- J'aime me réunir avec d'autres pour prier
- Je suis prêt(e) à donner du temps dans la prière
- J'aime jeûner et prier

Avec ce don, plusieurs services et niveaux d'engagements possible

- Prier et intercéder chez soi
- Arriver plus tôt au culte et prier avec d'autres pour le culte
- S'ajouter aux réunions de prière (en semaine)de l'église
- Avoir un partenaire de prière avec qui on prie très spécifiquement.
- Prier avec les enfants (cela peut-être un domaine à part entière dans l'église)
- Prier pour les gens en leur imposant les mains.
- Faire des marches de prière, prier dans des lieux précis (rues, monuments… etc)
- Nuits de prière
- Intercéder pour des besoins précis : les bâtiments, la jeunesse, les responsables, les malades, les perdus…

Conseils

Si vous avez à cœur ce domaine , parlez-en avec votre pasteur ou responsable qui sera à même de vous aiguiller
et conseiller précisément par rapport à votre église.

8. VIDEO

Qu'on proclame le souvenir de ton immense bonté...
Psaumes 145:7

Diverses Caractéristiques...

- J'ai une caméra
- J'aime filmer
- Je sais faire des montages vidéo
- J'aime la vidéo en général

Avec ce don, plusieurs services et niveaux d'engagements possible

- Filmer de réunions spéciales, baptêmes, fêtes de Noël.... etc
- Organiser un atelier VIDEO (pour apprendre à d'autres) ....
- Créer un vidéo de présentation de votre église, de l'école du dimanche, du groupe de jeunes ou d'un projet spécial (voir responsable)
- Aider à un montage vidéo
- Créer des vidéos d'évangélisation (témoignages, sketch, histoire racontée sur fond de vidéo)

Conseils

Attention ! On ne peut pas filmer n'importe qui et n'importe comment !

9. EVANGELISATION

Allez dans le monde entier et prêchez la bonne nouvelle à toute la création. Marc 16:15

Diverses Caractéristiques...

- J'aime parler de Dieu
- J'ai un fardeau pour les perdus
- J'aime annoncer l'évangile
- J'aime témoigner
- Je veux communiquer aux autres l'amour de Dieu

Avec ce don, plusieurs services et niveaux d'engagements possible

- Distribuer des traités, livre de vie....
- Donner mon témoignage lors de cultes ou de réunions de jeunesse
- Investir dans l'achat de bibles, traités ...etc.
- Annoncer l'évangile à des personnes que je rencontre
- Créer un Club d'évangélisation pour les enfants
- Toucher les gens au travers des arts (mime, sketch, peinture, décoration....)
- Prier chaque jour pour une même personne jusqu'à son salut
- Participer à une soirée d'évangélisation à l'église ou dans une maison
- M'ajouter à une équipe d'évangélisation dans l'église....etc
- Aider à préparer un repas (soirée spéciale, cours alpha...)
- Faire partie d'un groupe de maison d'évangélisation : enfant, maman,...

Conseils

Ce don permet de très nombreuses possibilités.
Il est souvent accompagné de créativité et d'idées nouvelles.

10. ENFANTS

Laissez venir à moi les petits enfants, et ne les en empêchez pas ...
Marc 10:14

Diverses Caractéristiques...

- J'aime les enfants et leur contact
- J'ai à cœur le salut des enfants
- J'aimerais travailler parmi les enfants
- J'aime faire des choses avec eux : jeux, bricolage..... etc
- J'aimerais enseigner les enfants
- J'aime raconter des histoires de la bible

Avec ce don, plusieurs services et niveaux d'engagements possible

- Aider de temps en temps dans un groupe d'enfants
- M'associer à un moniteur pour le soutenir, l'aider... (prière, préparation, louange, besoins matériels...)
- Proposer une activité pour les enfants (un atelier jonglage, rap, psaume, un bricolage pour la fêtes des mères, ...)
- Faire un stage pour devenir moniteur(trice)
- Participer ou organiser un projet ponctuel avec la jeunesse (camp, concert, expo-bible, spectacle de Noël......)
- Passer le BAFA
- Servir dans une garderie lors d'une réunion
- Organiser un après-midi récréatif pour les enfants (jeux, goûter, verset)
- Aider les enfants dans leurs besoins (devoirs, transports, prière,....)

Conseils
Il y a beaucoup de domaine de service parmi les enfants
Il est bon de découvrir votre fibre
(musique, pastorale, enseignement, arts plastiques....etc)

11. BOIS

J'ai mis toutes mes forces à préparer pour la maison de mon Dieu ... du bois pour (ce qui doit être) de bois...
1 Chroniques 29:2

Diverses Caractéristiques...

- J'aime travailler le bois

- J'ai des outils
- J'aimerais faire des choses en bois

Avec ce don, plusieurs services et niveaux d'engagements possible

- Découper et préparer divers morceaux de bois pour des ateliers et des bricolages pour les enfants. (ex : crèche, nichoir, tableaux...)
- Fabriquer un théâtre de marionnettes (les moniteurs de votre église seraient probablement très ravis de cette idée)
- Poser des étagères
- Fabriquer des jeux pour l'évangélisation des enfants, (ex: jeu des palets, jeu de lancer, puzzle.....) des personnages grandeurs nature ou des animaux .....
- Fabriquer des petits meubles .....

Conseils

Pour tous les projets bois,
il faut consulter les responsables avant d'entreprendre quelque chose et se mettre d'accord sur ce qui se ferait.

12. MUSIQUE

Louez-le avec le tambourin ... Louez-le avec les instruments à cordes ... Psaumes 150:4

Diverses Caractéristiques...

- J'aime la musique
- J'aime la louange
- J'ai un instrument de musique
- Je joue ou j'apprends un instrument

Avec ce don, plusieurs services et niveaux d'engagements possible

- Jouer occasionnellement lors d'une rencontre : feu de camp, cultes, évangélisation dans la rue, mariage.....
- Commencer à apprendre à jouer de mon instrument au sein d'un groupe
- M'ajouter à un projet pour la fête de la musique
- Apprendre à d'autres à jouer d'un instrument
- Faire partie ou démarrer un groupe de louange, groupe de louange enfant ou ado

Conseils

Être motivé pour Dieu est indispensable dans ce domaine.
Le moteur doit être de louer Dieu

13. ADMINISTRATIF

Du reste, ce qu'on demande des administrateurs,
c'est que chacun soit trouvé fidèle.
1 Corinthiens 4:2

Diverses Caractéristiques...

- J'aime les paperasses
- J'aime classer, archiver, taper des compte-rendu
- J'aime faire des courriers....

Avec ce don, plusieurs services et niveaux d'engagements possible

- Aider au secrétariat
- Devenir secrétaire
- Faire des démarches administratives
- Gérer l'administration de projets
- Voir aussi bibliothèque

Conseils

Pour le secrétariat, il est indispensable de travailler en étroite relation avec le conseil d'administration.

14. ARTS PLASTIQUES

*Il les a remplis d'intelligence,
pour exécuter tous les ouvrages de sculpture et d'art ...
Exode 35:35*

Diverses Caractéristiques...

- J'aime le dessin, la peinture...
- J'aime créer
- J'ai des idées de bricolage ou en décoration
- J'aime découper, coller, assembler, fabriquer, peindre.....

Avec ce don, plusieurs services et niveaux d'engagements possible

- Aider des moniteurs pour les bricolages
- Aider à la décoration des salles
- Créer des ateliers divers lors de rencontres (pâte à sel, peinture, ...)
- M'associer à des projets : fabrication de jeux, décor de théâtre, réalisation de marionnettes, évangélisation, ...
- Aider à la décoration des locaux....etc.

Conseils

Ce domaine est infini, ... chacun y apportera en plus sa créativité.
Il est très important pour les domaines : enfant, évangélisation
et de manière plus générale décoration

15. LECTURE

Lecture en fut faite et l'on se réjouit de cet encouragement.
Actes 15:31

Diverses Caractéristiques...

- J'aime LIRE
- J'aime les livres
- J'aime étudier, m'informer...
- J'aime partager mes lectures, acheter ou emprunter des livres
- J'aime bien organiser le rangement de mes livres

Avec ce don, plusieurs services et niveaux d'engagements possible

- Créer un groupe de lecture avec d'autres ...
- Encourager la jeunesse à lire par divers moyens..
- Aider à la bibliothèque
- M' occuper de la bibliothèque enfant, jeunes ou famille
- Organiser des projets autour du livre : collecte de livres chrétiens pour la mission, achat de livres pour la bibliothèque de la ville, distribution de livres d'évangélisation, le dimanche de la bible, le mois de l'évangile, ...
- M' ajouter ou m' occuper d' un stand de librairie (ex: à Noël ou en continu)

Conseils

Pour ce don, il est bon d'être très soigneux et organisé !

16. BEBES

Celui reçoit en mon nom ce petit enfant, me reçoit moi-même...
Luc 9:48

Diverses Caractéristiques...

- J'aime les bébés (0-2 ans)
- J'aime m'en occuper et prendre soin d'eux
- J'aime créer une bonne ambiance pour les bébés

Avec ce don, plusieurs services et niveaux d'engagements possible

- Proposer du baby-sitting (gratuit) aux familles de l'église
- Aménager une pouponnière pour les bébés dans l'église (chauffe- biberon, jouet, poste CD, table à langer, décoration, mobiles.....)
- Nettoyer et ranger la pouponnière
- Garder les bébés un culte sur 2
- M' inscrire pour des garderies occasionnelles dans l'église
- Prier pour les bébés
- Parrainer des bébés (en Afrique ou autre) : pourvoir à leurs besoins matériels ou soins divers.. (lait , médicament..)
- Créer un projet autour des bébés : un groupe maman bébé, journée de l'enfance...
- Mettre en place un culte pour les bébés: (chant, bénédiction, biberon...)

Conseils
Il faut si possible être majeur ou être accompagné d'un adulte
Car il y a beaucoup de responsabilités.

17. THEÂTRE

Ils se précipitèrent tous ensemble au théâtre...
Actes 19:29

Diverses Caractéristiques...

- J'aime JOUER UN ROLE : (sketch, scénette, mime.....)
- J'aime raconter des histoires de la bible
- J'aime me déguiser
- J'aime l'expression corporelle
- J'aime être en équipe
- J'aimerais essayer ou m'investir dans un projet théâtre

Avec ce don, plusieurs services et niveaux d'engagements possible

- Préparer un sketch pour une occasion spéciale : soirée de jeunes
- Démarrer ou faire partie d'une équipe d'évangélisation par le théâtre
- Préparer une scénette pour l'école du dimanche ou culte enfant
- Travailler à des idées de théâtre
- Monter un projet théâtre : textes, répétitions, décors, costumes....
- M'ajouter à un projet à court ou long terme

Conseils

Il faut parfois essayer pour se rendre compte que cela nous plaît !

18. ENSEIGNEMENT

Déclare ces choses, et enseigne-les. 1 Timothée 4:11

Diverses Caractéristiques...

- J'aime lire et étudier la Bible
- J'aime les études bibliques
- J'ai à cœur de donner des perles bibliques aux autres
- J'aimerais enseigner la parole de Dieu

Avec ce don, plusieurs services et niveaux d'engagements possible

- Devenir moniteur (enfant ou ados)
- Travailler sur un domaine (ex : la prière) et préparer une étude ou un enseignement
- Préparer et conduire ponctuellement une étude biblique : adultes, enfant ou jeunes
- Donner un enseignement dans un groupe de maison

Conseils

Il est important d'être appeler à exercer ce don
et avant toute chose en parler au pasteur

19. TRAVAUX ET ENTRETIEN

Il les a remplis d'intelligence,
....pour faire toute espèce de travaux et d'inventions.
Exode 35:35

Diverses Caractéristiques...

- Je sais et j'aime bricoler
- J'aime entretenir les lieux
- J'ai des connaissances dans divers domaines ; peintures, papier peint,..
- J'aime ce qui est propre, soigné et rangé.
- J'ai des outils (marteau, tournevis, perceuse, ...etc.)
- J'aimerais m'occuper de la maison de Dieu dans ce domaine.

Avec ce don, plusieurs services et niveaux d'engagements possible

- Réparations diverses : plomberie, électricité, ...
- Aménager des salles: Installer des étagères, des rangements....
- Nettoyage hebdomadaire ou en commun
- Rénover : papier peint, peinture....

Conseils

Ce don est très utile dans l'église
et peut-être complémentaire avec le bois et la décoration

20. PREDICATION

... par la prédication qui m'a été confiée d'après l'ordre de Dieu ...
Tite 1:3

Diverses Caractéristiques...

- Je sens que Dieu m'appelle à prêcher

Avec ce don, plusieurs services et niveaux d'engagements possible

- Préparer un message, une prédication ponctuellement
- Raconter des histoires bibliques ou contemporaines
- Donner des témoignages
- Prêcher parmi la jeunesse (cela vous apprend et vous défient à être bref, clair, captivant et impactant)
- Faire une formation pour prédicateur....
- Lors d'une rencontre spéciale : apporter un message (e x : groupe d'hommes, de femmes, groupe de jeunes...)

Conseils

Ce don est particulier, il est indispensable de voir avec votre pasteur, afin qu'il discerne et vous aide comment le mettre en oeuvre.

21. ADOLESCENTS

Les adolescents se fatiguent et se lassent...
Esaïe 40:30

Diverses Caractéristiques...
- J'aime les ados
- J'ai un fardeau pour les aider et les soutenir
- J'ai du pep's et de l'énergie

Avec ce don, plusieurs services et niveaux d'engagements possible

- Les véhiculer
- Prier pour eux
- Les accompagner lors de déplacements à l'extérieur (concert...)
- Témoigner au milieu d'eux
- Les aider dans divers domaines : relation familiale, aide aux études, problème de cœur......etc....
- Démarrer et animer un groupe d'ados
- Organiser une soirée spéciale : chorégraphie, prière, vidéo, tchache, musique....
- Proposer un après-midi ponctuel : Evangélisation par le sport pour ados, pique-nique au bord du lac et enseignement biblique....

Conseils
Indispensable d'être hyper impliqué !
mais c'est passionnant !

22. JARDINAGE

L'Eternel Dieu prit l'homme, et le plaça dans le jardin d'Eden pour le cultiver et pour le garder. Genèse 2:15

Diverses Caractéristiques...
- J'aime jardiner
- J'aime débroussailler, tondre, semer, désherber, planter....
- J'aime la terre et entretenir les espaces verts

Avec ce don, plusieurs services et niveaux d'engagements possible

- Proposer une activité jardinage aux enfants (jacinthe en pot, semer ...)
- Monter un projet jardin : planter des fruits et légumes, vente de bulbes, fabrication de confitures....
- Planter des fleurs
- Débroussailler le jardin ou tondre les pelouses de l'église
- Tailler les haies...
- Faire participer votre bâtiment d'église au concours maison fleurie de la ville (ce serait un bon témoignage, une odeur de vie...)
- Sensibiliser l'église, les enfants, les non croyants ...etc. à des choses liés à la planète : eau, pollution, terre sauvage, jardin d'Eden....
- Soutenir une mission (ex : construction de puits, jardin en Afrique...)

Conseils

Ce domaine est passionnant car il nous montre les bontés de Dieu.
Il y aurait beaucoup de choses très intéressantes à faire avec ce don.

23. PERSONNES ÂGEES

Tu te lèveras devant les cheveux blancs, et tu honoreras la personne du vieillard ...
Lévitique 19:32

Diverses Caractéristiques...

- J'aime les personnes âgées
- J'ai à cœur de les aider et d'être proche d'elles

Avec ce don, plusieurs services et niveaux d'engagements possible

- Proposer de faire des courses aux personnes âgées de l'église, famille ou voisin
- Aller les visiter à la maison régulièrement
- Jouer avec elle à des jeux de sociétés,...autres
- Lire la bible et prier avec elle
- Les visiter dans les maisons de retraites ou à l'hôpital
- Les aider à faire des papiers (courrier, aller à la poste, pharmacie.....)
- Leur préparer un repas
- Organiser un repas, une fête, ou une soirée à l'église pour les personnes âgées : pourquoi pas des olympiades ? Avec chamboul'tout, fléchettes, pétanque... ou un après-midi mensuel ; jeux, goûter et partage biblique...
- Culte spéciale lors de la fête des grands-mères (grands-parents) : les mettre à l'honneur, leur témoignage,
quelques cantiques de leur temps, selon votre région les enfants peuvent aller leur cueillir des jonquilles.

Conseils

Ce don est important
car il est bon de prendre soin des nos aînés.

24. ECRITURE

C'est par révélation que j'ai eu connaissance du mystère sur lequel je viens d'écrire en peu de mots.
Ephésiens 3:3

Diverses Caractéristiques...

- J'aime écrire
- Je suis bon en français : orthographe, grammaire, vocabulaire, conjugaison

Avec ce don, plusieurs services et niveaux d'engagements possible

- Ecrire des courriers
- Ecrire un article dans le bulletin mensuel de l'église
- Aide à l'orthographe et au français pour les enfants, les ados, les étrangers...
- Créer un dépliant de présentation de l'église ou d'un activité particulière (ex: école du dimanche, chorale, action sociale, ...)
- Inventer des histoires, des chants, des sketchs....
- Proposer des ateliers écritures (ex : créer un psaume ou écrire des poèmes...)
- S'occuper du bulletin de l'église
- Monter un projet écriture (ex : l'écriture au temps de la bible, faire un livret où chaque chrétien pourrait partager son avis sur un thème, expo - bible....)
- Faire des ateliers de calligraphie

Conseils
Ne méprisez pas les petits commencements
Il faut démarrer quelque part.
On peut travailler en étroite collaboration avec tout ce qui est artistique.

25. COMMUNICATION

Tychique, mon compagnon dans le Seigneur, vous communiquera tout ce qui me concerne. Colossiens 4:7

Diverses Caractéristiques...

- J'aime communiquer
- J'aime informer des événements à venir
- Je suis organisé
- J'ai une bonne mémoire....

Avec ce don, plusieurs services et niveaux d'engagements possible

- Faire des affiches
- Distribuer des tracts, des publicités
- Envoyez des SMS, Mail ou téléphoner pour rappeler des rencontres, inviter des personnes...
- Aider à passer des informations dans l'église
- M'occuper d'un tableau d'affichage
- Communiquer spécifiquement les informations à une classe d'âge ou groupe.
- Participer à un bulletin de l'église ou encore de l'école du dimanche
- Utiliser l'informatique et Internet....

Conseils

Pour ce don il est indispensable de l'exercer en accord avec les responsables

26. TECHNIQUE ET SONO

J'entendis le son de ses paroles...
Daniel 10:9

Diverses Caractéristiques...

- J'aime la technique
- J'aime les réglages de sono
- Je m'y connais dans ce domaine
- J'aimerais me former dans ce domaine
- Mais avant tout je veux servir Dieu.

Avec ce don, plusieurs services et niveaux d'engagements possible

- Apprendre au niveau de la sono
- Faire partie d'une équipe sono
- Enregistrer les prédications
- Faire des copies et archiver des enregistrements......
- Travailler en étroite relation avec le groupe de louange (projection...)
- Animer des rencontres spéciales : kermesse, soirée
d'évangélisation, groupe de jeunes.....
- Faire des montages divers

Conseils

Il est indispensable d'être soigneux, de respecter le matériel
Et de travailler en collaboration étroite avec les responsables

27. RELATION D'AIDE

...consolez ceux qui sont abattus, supportez les faibles, usez de patience envers tous...
1 Thessaloniciens 5.14

Diverses Caractéristiques...

- J'aime écouter les autres
- J'aime aider moralement et spirituellement
- J'aimerais savoir donner de bons conseils
- Je sais garder les secrets

Avec ce don, plusieurs services et niveaux d'engagements possible

- Être à l'écoute des gens en général
- Aider plus spécifiquement un « type » de personnes : les femmes, les handicapés, les personnes âgées, les célibataires, les divorcés, les alcooliques, les ados, les enfants, les pères, ...etc
- Etudier la parole de Dieu afin de connaître Son conseil.
- Créer un numéro d'appel dans l'église pour écouter les gens et prier pour eux.
- Aider les gens pratiquement et matériellement dans un premier temps.

Conseils

Il est important d'être appeler à exercer ce don
et avant toute chose en parler à votre pasteur.
Il est indispensable de bien connaître ce que la parole enseigne.

28. SPORT

J'ai encore vu sous le soleil que la course n'est pas aux plus agiles... Ecclésiaste 9:11

Diverses Caractéristiques...

- J'aime le sport
- J'aime travailler en équipe
- J'ai une bonne condition physique
- Je pratique un sport

Avec ce don, plusieurs services et niveaux d'engagements possible

- Organiser un après-midi foot chaque dimanche (ou autre)
- Participer ou organiser un marathon pour Jésus
- Animer un atelier sport lors de rencontres spéciales : après-midi inter- églises, journée de jeunesse, ...
- S'investir dans des camps de sport pour la jeunesse
- Organiser une évangélisation par le sport (ex: joueur de foot brésilien)
- Organiser une rencontre sport pour les enfants ou les jeunes (ex : piscine, basket, volley, jeu de piste, tennis, ping-pong, parcours santé, ...etc)
- Monter un projet d'olympiades pour enfants dans votre quartier ou ville.
- Travailler avec l'école du dimanche.

Conseils

Ce domaine est très intéressant pour l'évangélisation.

29. INFORMATIQUE

Je parlerai de toutes tes oeuvres, Je publierai tes hauts faits.
Psaumes 77:12

Diverses Caractéristiques...
- J'aime l'informatique
- J'aime travailler sur ordinateur
- Je connais et sais me servir d'Internet et autre....
- J'ai un ordinateur

Avec ce don, plusieurs services et niveaux d'engagements possible

- Aider à la mise à jour du site Internet de l'église
- Créer un site Internet ou un blog de l'église
- Taper des chants pour la louange
- Faire des recherches sur Internet, pour aider des personnes (ex : adresses, formations diverses, recettes, clip sur youtube....)
- Créer un blog du groupe de jeunes
- Faire des mises à jour ordinateur....
- Aider et dépanner celles et ceux qui ne s'y connaissent pas trop.
- Animer un page Facebook sur un thème (ex : la prière, la foi, Jésus...)
- Evangéliser par INTERNET

Conseils

Pour ce don, il est important de travailler en étroite collaboration avec les responsables

30. GENEROSITE

Recommande-leur ... d'avoir de la libéralité, de la générosité,
1 Timothée 6:18

Diverses Caractéristiques...

- J'aime donner
- J'aime faire plaisir
- J'aime bénir les autres
- J'aime pourvoir à des besoins divers

Avec ce don, plusieurs services et niveaux d'engagements possible

- Bénir financièrement occasionnellement ou régulièrement une mission, une œuvre, une église, un ministère....
- Parrainer un enfant dans le monde : pour école, nourriture, médicament, soin...
- Donner pour un projet ponctuel (ex : financement d'un voyage missionnaire, achat de matériel pour l'école du dimanche, travaux dans l'église, achat de 1000 bibles pour la ville...)
- Pourvoir aux besoins matériels de quelqu'un que vous connaissez (ex : une famille, un voisin, une personne âgée, un membre de votre famille, un SDF....)

Conseils

La générosité est très important mais ce don doit être exercer avec sagesse et discernement. Parlez-en avec votre pasteur !

31. COUTURE

Elle se procure de la laine et du lin, Et travaille d'une main joyeuse.
Proverbes 31.13

Diverses Caractéristiques...

- Je me débrouille en couture
- J'aime coudre
- J'ai une machine à coudre
- Je suis assez bon(ne) couturier(e)

Avec ce don, plusieurs services et niveaux d'engagements possible

- Coudre des coussins pour la salle des jeunes
- Faire des rideaux pour les salles ....
- Faire des costumes pour le théâtre, pour les classes d'école du dimanche
- Faire des bannières, rubans, pour la louange......
- Animer des ateliers premières nécessités pour les femmes ou les célibataires (coudre un bouton, faire un ourlet, ...)
- Aider les personnes âgées ou hommes célibataires... dans ce domaine.
- Faire un atelier travaux d'aiguilles (broderie, canevas, patchwork, tricot) dans le cadre de l'église ou de l'évangélisation.
- Fabriquer de couvertures (patchwork) pour la mission
- Organiser des ateliers relooking de vêtements pour les filles

Conseils

C'est un domaine riche, utile et très prometteur si vous êtes
à l'écoute du Seigneur pour le mettre en œuvre.

32. LANGUES ETRANGERES

Vous aimerez l'étranger, car vous avez été étrangers dans le pays d'Egypte.
Deutéronome 10:19

Diverses Caractéristiques...

- Je parle une autre langue
- J'écris et je lis une autre langue
- J'ai souci d'aider les étrangers

Avec ce don, plusieurs services et niveaux d'engagements possible

- Accueillir les étrangers
- Traduire des informations (ex : dépliant, traités, site ...)
- Soutien scolaire pour les enfants et les jeunes
- Traduire des orateurs de passage lors de rencontres
- Animer des ateliers langues : anglais, allemand, espagnol, arabe....
- Traduire des chants en français
- Traduire des livres
- Être interprète le temps d'un voyage, une journée, une semaine, un camp
- Traduire la bible ou portion de bible dans un dialecte...etc
- Aider des étrangers à apprendre le français, à s'intégrer, à lire, écrire, ou remplir des papiers....

Conseils

Ce talent est très important depuis la tour de Babel !
Nous avons besoin de nous comprendre pour avancer ensemble
et pour répandre l évangile.

33. DECORATION

...Quelques-uns parlaient des belles pierres et des offrandes
qui faisaient l'ornement du temple...
Luc 21:5

Diverses Caractéristiques...

- J'aime la décoration
- J'ai des idées
- Je me débrouille en bricolage

Avec ce don, plusieurs services et niveaux d'engagements possible

- Décorer un coin (ex: bibliothèque...)
- Fabriquer un objet de décoration
- Aménager une salle (ex : accueil, salle des bébés....)
- Relooker un meuble (couleur, peinture, adhésif....)
- Proposer une atelier créatif décoration (ex : fabriquer un bougeoir à Noël, créer des tableaux sur un thème ou encore réinventer un objet des temps bibliques (chandelier, sandales.....)
- Relooker un couloir
- Proposer des aménagements dans la cuisine... ou autre

Conseils

Développer votre créativité à gogo !!!!!
Mais n'imposez rien, proposez seulement !

34. ENCOURAGEMENT

Fortifiez les mains languissantes, et affermissez les genoux qui chancellent.... Esaïe 35:3

Diverses Caractéristiques...

- J'ai à cœur les gens
- J'aime encourager les autres
- Je pense et je prie souvent pour d'autres
- Je me soucie des autres

Avec ce don, plusieurs services et niveaux d'engagements possible

- Postez une carte à une personne malade...
- Téléphonez à une sœur dans le deuil...
- Ecrivez un petit mot d'encouragement à un moniteur ou à un responsable de l'église...
- Envoyez un SMS à un adolescent découragé.
- Dites une parole de bénédictions quand vous rencontrez les gens....
- Souriez
- En étant joyeux , vous communiquerez un encouragement....
- Rendez témoignage
- Visitez les veuves, les orphelins, les personnes seules ou âgées...

Conseils

Tout le monde a besoin d'encouragement, alors pas de modération avec ce talent ! Mais de grâce pas d'hypocrisie !

35. ORGANISATION

Ainsi fut organisé ce jour-là tout le service de l'Eternel ...
2 Chroniques 35:16

Diverses Caractéristiques...

- Je suis organisé
- J'aime organiser
- Je suis débrouillard

Avec ce don, plusieurs services et niveaux d'engagements possible

- Organiser un goûter, une agape...
- Coordonner une équipe
- Organiser un placard
- Planifier des activités
- Organiser un événement (concert, fêtes, atelier....)
- Secrétariat
- Monter un projet (ex : fête de Noël, brocante, soirée pop' corn vidéo...)
- Bibliothèque, médiathèque...
- Trésorerie
- Organiser une activité pour les enfants
- Organiser un planning de jeûne et prière
- Diriger un groupe de travail
- Devenir responsable d'église

Conseils
Ne méprisez pas les petits commencements !
Commencer par organiser un placard ...
Avant d'organiser un concert ou de coordonner une équipe.

36. COMPASSION

Soyez pleins d'amour fraternel, de compassion...
1 Pierre 3:8

Diverses Caractéristiques...

- J'aime les gens
- J'aime m'occuper d'eux
- Je suis ému de compassion devant.....

Avec ce don, plusieurs services et niveaux d'engagements possible

- Prier spécifiquement pour quelqu'un
- Inviter une personne à la maison
- Aider pratiquement une personne... (un jeune révolté, une femme divorcée, un enfant désorienté, un père alcoolique.....)
- Faire les courses pour une personne malades
- Prier pour les malades
- Proposer une œuvre sociale ou juste un événement (ex : bourse de vêtement, soupe en hiver, repas à domicile pour les personnes âgées...)
- Intercéder pour les situations désespérées.
- Sensibiliser à l'église persécutée
- Faire un projet pour

Conseils

C'est un domaine riche, utile et très prometteur si vous êtes
à l'écoute du Seigneur pour le mettre en œuvre.

37. MISSION ET HUMANITAIRE

Va, je t'enverrai au loin vers les nations...
Actes 22:21

Diverses Caractéristiques...
- J'aime voyager
- J'ai une facilité d'adaptation à d'autres cultures
- J'ai à cœur la mission, l'humanitaire, le social...
- Je parle anglais, allemand, arabe, chinois ou espagnol
- J'aime la logistique

Avec ce don, plusieurs services et niveaux d'engagements possible

- Témoigner, aider dès que vous en avez la possibilité...
- Soutenir des missionnaires dans la prière
- Âtre porte-parole d'u ne mission dans votre église (ex : portes ouvertes..)
- Participer à un camp scout
- Soutenir financièrement une mission ou un projet au loin
- Faire un voyage missionnaire de courte durée
- Organiser une action humanitaire autour de la mission ; collecte de médicaments, lunettes usagées, financement de lait pour un orphelinat, ...etc
- Partir pour un séjour en tant qu' aide, cuisinier, interprète....
- Etre envoyé par son église locale dans une mission

Conseils
Un métier dans le médical, l'hygiène, l'enfance, l'enseignement, les langues étrangères ou encore la cuisine pourrait être très utile.
Commencez quelque part, rien n'est trop fou !
Cependant demandez conseil sur la mission dans laquelle vous souhaitez vous engagez .

Pour conclure

Après avoir lu ces pages, je souhaite que vous soyez encouragé(e) et décidé(e) à vous mettre en action pour Dieu et dans votre église locale, dans au moins un domaine.
Si vous voulez bien, faisons un peu le point !

- Souhaitez-vous vraiment servir Dieu et votre église locale ?

- Qu'est ce qui fait écho dans votre cœur ? quel(s) domaine(s) vous interpelle(nt) ?

- Par quelle action concrète, pourriez-vous commencer ?

- Comment faire pour démarrer ? suivez les conseils de ce livre et/ou parlez en à votre pasteur.

Allez –y , lancez-vous !
Que le Seigneur soit glorifié au travers de vous !

Je serais heureuse de savoir ce qui vous a le plus interpellé dans ce livre ? Contactez moi: arlette.durracq@gmail.com

FIN

Oui, je veux morebooks!

i want morebooks!

Buy your books fast and straightforward online - at one of world's fastest growing online book stores! Environmentally sound due to Print-on-Demand technologies.

Buy your books online at
www.get-morebooks.com

Achetez vos livres en ligne, vite et bien, sur l'une des librairies en ligne les plus performantes au monde!
En protégeant nos ressources et notre environnement grâce à l'impression à la demande.

La librairie en ligne pour acheter plus vite
www.morebooks.fr

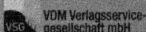 VDM Verlagsservicegesellschaft mbH
Heinrich-Böcking-Str. 6-8   Telefon: +49 681 3720 174   info@vdm-vsg.de
D - 66121 Saarbrücken   Telefax: +49 681 3720 1749   www.vdm-vsg.de

www.ingramcontent.com/pod-product-compliance
Lightning Source LLC
Chambersburg PA
CBHW020811160426
43192CB00006B/524